www.wasistwas.de

WAS IST WAS

Pferde
Quiz

SEHEN | HÖREN | MITMACHEN

Wissen
TESSLOFF

Anleitung

Auf der Vorderseite jedes Blatts stehen drei Fragen. Die zugehörigen Antworten findest du auf der Rückseite. Aber nicht zu schnell nachsehen, sondern erst einmal gut überlegen! Denn für jede richtige Antwort gibt es einen Punkt. Notiere die Anzahl der richtig gegebenen Antworten auf einem Blatt Papier. Denn je mehr Punkte, desto besser wirst du in der Auswertung auf der nächsten Seite abschneiden!

Auch zu mehreren könnt ihr euer Wissen testen: Stellt euch abwechselnd Fragen und zählt die Punkte bei richtigen Antworten auf einem Zettel zusammen. Wer am Ende die meisten Punkte sammeln konnte, hat gewonnen!

Punktewertung für Einzelspieler

1–30 Punkte: Einsteiger
Toll, wie viel du schon weißt! Einiges kannst du aber auch noch dazulernen!

31–60 Punkte: Könner
Super, wie viele Fragen du richtig beantworten konntest! Zum Experten ist es nicht mehr weit!

Mehr als 60 Punkte: Experte
Herzlichen Glückwunsch, du bist ja ein richtiger Profi! So schnell kann dir keiner was vormachen!

1 Wann wurden die ersten Pferde von Menschen gezähmt und zu Haustieren gemacht – vor rund 2 000, 4 000 oder 5 000 Jahren?

2 Wie heißt das Urpferd und damit der älteste Vorfahr unserer Pferde – Equus caballus, Przewalski-Pferd oder Hyracotherium?

3 Was ist das „Gebäude“ eines Pferdes – sein Stall, der Knochengerüst oder die äußere Erscheinung des Tieres?

?

1 Vor rund 5 000 Jahren.

2 Hyracotherium (auch Eohippus oder „Pferd der Morgenröte“ genannt). Es war ein scheuer Waldbewohner und lebte vor 50 bis 60 Millionen Jahren in Nordamerika, Asien und Europa.

3 Seine äußere Erscheinung.

1 Was ist das feinfühligste Tastorgan der Pferde?

2 Wie nennt man einen kastrierten Hengst?

3 Was war das Trojanische Pferd?

1 Die weichen Lippen mit den langen Tasthaaren.

2 Wallach.

3 Eine Kriegslist in Form eines hölzernen Pferdes, das die griechischen Belagerer der Stadt Troja zum Geschenk machten. Im Leib des Pferdes schmuggelten sie einige Krieger in die Stadt, die in der Nacht die Stadttore öffneten.

1 Warum sollten Pferde niemals allein gehalten werden?

2 Was unterscheidet Schimmel von Albinos?

3 Wie viel Wasser nimmt ein Pferd pro Tag auf – 10 bis 15, 30 bis 45 oder 60 bis 80 Liter?

1 Sie sind Herdentiere. Deshalb braucht jedes Pferd einen Gefährten. Notfalls kann dies auch ein Esel oder eine Ziege sein.

2 Schimmel kommen dunkel zur Welt und färben sich später weiß, Albinos werden weiß geboren.

3 30 bis 45 Liter, also etwa 3 bis 5 Wassereimer voll.

1 Was ist eine Kardätsche?

2 Welche Pferderasse wurde schon von den Wikingern gezüchtet – das Camarguepferd, das Fjordpferd oder das Friesenpferd?

3 Woher stammt der Ausspruch „Ein Königreich für ein Pferd"?

?

1 Eine Art Bürste zum Putzen des Pferdes.

2 Das Fjordpferd.

3 Aus dem Drama „Richard III." von William Shakespeare.

1 Aus welchem Land stammt das Camarguepferd – aus Spanien, Italien oder Frankreich?

2 Schlafen alle Pferde einer Gruppe oder Herde gleichzeitig?

3 Wie heißt das Rennpferd, das die meisten Aussichten auf den Sieg hat – Aspirant oder Favorit?

?

1 Aus Frankreich.

2 Nein. Mindestens ein Tier hält stehend Wache und alarmiert die anderen, wenn Gefahr droht.

3 Favorit.

1 Was ist ein Tandem?

2 Wie viele Pferderassen gibt es – etwa 100, 180 oder 300?

3 Gibt es in einer Pferdeherde einen oder mehrere erwachsene Hengste?

?

1 Ein Zweigespann, bei dem die Pferde nicht neben-, sondern hintereinandergespannt sind.

2 Es gibt etwa 180 Pferderassen.

3 Es gibt immer nur einen Leithengst, den Chef der Herde. Er verjagt die Junghengste, wenn sie das Alter von etwa drei Jahren erreicht haben.

1 Was ist der Widerrist eines Pferdes – der mittlere Teil des Rückens, der erhöhte vordere Teil des Rückens oder das Genick?

2 Was ist Melasse?

3 Wie heißen die drei Typen von Großpferden?

1 Der vordere höchste Teil des Rückens. Die ersten fünf bis zwölf Rückenwirbel bilden hier eine Knochenerhebung.

2 Ein schwarzbrauner Sirup, der bei der Zuckergewinnung zurückbleibt und als Pferdefutter dient.

3 Vollblüter, Warmblüter und Kaltblüter.

1 Ist das Shetlandpony eine kleinere oder eine größere Ponyrasse?

2 Was bedeutet es, wenn ein Pferd die Ohren nach vorn spitzt?

3 Welche Pferderasse wurde durch die „Spanische Reitschule" in Wien weltberühmt?

1 Shetlandponys sind sehr kleine Ponys von etwa 100 Zentimetern Widerristhöhe und rundlichem Körperbau. Sie sind kräftig, robust und genügsam.

2 Freundliche Neugier, Vertrauen, Aufmerksamkeit.

3 Die Lipizzaner. Sie kommen fast nur als Schimmel vor.

1 In welchem Alter sind die meisten Pferde ausgewachsen – mit drei, vier oder fünf Jahren?

2 Für welche Arbeit wurden die Shetlandponys im 18. Jahrhundert oft eingesetzt – als Grubenpferde, als Reitpferde für Kinder oder als Zirkuspferde?

3 Wie nennt man ein schwarzes Pferd?

1 In einem Alter von etwa fünf Jahren.

2 Als Grubenpferde. Man ließ sie wegen ihrer geringen Größe die Wagen in den Stollen der Kohle- und Erzgruben ziehen. Da sie kaum jemals ans Tageslicht kamen, erblindeten viele von ihnen.

3 Rappe.

1 Wie heißt das griechische Fabelwesen mit dem Oberkörper eines Menschen und dem Leib eines Pferdes – Medusa, Zentaur oder Sphinx?

2 Wie heißt der Kutscher einer Postkutsche?

3 Was versteht man unter Voltigieren?

1 Zentaur. Medusa ist ein weibliches Ungeheuer der griechischen Sage, bei dessen Anblick Menschen versteinerten, eine Sphinx ist ein mythisches Wesen mit Löwenkörper und Menschenkopf.

2 Postillion.

3 Turnübungen auf einem galoppierenden Pferd.

1 Woran erkennt man das Alter eines Pferdes?

2 Wie heißen die berittenen südamerikanischen Viehhirten – Cowboys, Gauchos oder Caballeros?

3 Warum gibt es in Europa so wenige Schecken?

?

1 An den Zähnen.

2 Gauchos.

3 Früher mussten beim Militär alle Pferde einer Schwadron die gleiche Farbe haben. Da es kaum möglich ist, gleich aussehende Schecken zu züchten, bevorzugte man in der Armee Füchse, Schimmel oder Braune. So verschwanden die Schecken fast völlig aus Europa.

1 Welche ist die älteste Zuchtrasse – das Arabische oder das Englische Vollblut?

2 Was ist ein Aalstrich – eine dunkle Linie entlang des Pferderückens oder eine schmale Blesse?

3 Wie heißt eine große Blesse, die sich vom Maul bis über die Augen erstreckt – Schnippe, Stern oder Laterne?

?

1 Das Arabische Vollblut. Schon der Prophet Mohammed soll 625 nach Christus mit der Zucht dieser Rasse begonnen haben.

2 Eine dunkle Linie entlang der Wirbelsäule eines Pferdes.

3 Laterne.

1 Aus welchem Land stammt das Connemara-Pony – aus den USA, aus England oder Irland?

2 Was ist ein Derby?

3 Wer war Sleipnir – ein geflügeltes Ross der griechischen Mythologie oder das Pferd des germanischen Gottes Odin?

1 Aus Irland. Es ist nach Connemara, einer rauen Gegend im Westen Irlands, benannt und gilt als freundlich, intelligent und widerstandsfähig.

2 Ein 1780 von dem Engländer Lord Derby gegründetes Zuchtrennen für dreijährige Pferde. Das renommierteste Derby in Deutschland ist das Hamburger Derby.

3 Das achtbeinige, graue Pferd des germanischen Gottes Odin.

1 Was befestigt man am Zaumzeug von Zugpferden, damit sie sich nicht so leicht erschrecken?

2 Wie viele Stunden verbringt ein im Freien lebendes Pferd täglich mit Fressen – 4 bis 8, 8 bis 12 oder 12 bis 16 Stunden?

3 Welche Pferderasse entstand durch die Kreuzung dreier Araberhengste mit englischen Stuten?

1 Scheuklappen. Sie engen das Blickfeld des Pferdes ein.

2 12 bis 16 Stunden – Pferde fressen auch nachts. Dazwischen ruhen sie oder bewegen sich.

3 Das Englische Vollblut.

1 Welche Farbe hat das Friesenpferd?

2 Was bedeutet „stichelhaarig" – ein krankhaft dünnes Fell, ein besonders struppiges Fell oder einzelne weiße Haare in dunklem Fell?

3 Wie gut ist der Sehsinn eines Pferdes ausgeprägt?

1 Schwarz. Alle Friesenpferde sind Rappen.

2 Einzelne weiße Haare, die in das Fell von Braunen, Füchsen oder Rappen eingestreut sind.

3 Pferde können durch die seitwärts am Kopf liegenden Augen einen großen Umkreis beobachten, sehen aber nicht so scharf wie Menschen.

1 Was haben das englische Shire Horse, der französische Percheron, der dänische Jütländer und der Schwarzwälder Fuchs gemeinsam?

2 In welche Stelle des Pferdemauls wird das Mundstück gelegt?

3 Was ist das Stockmaß?

1 Sie sind Kaltblüter.

2 In die Kinnlade. Das ist die große Zahnlücke zwischen Schneide- und Backenzähnen im Ober- und Unterkiefer des Pferdes.

3 Ein Maß für die Größe oder Höhe des Pferdes. Gemessen wird mit einer Messlatte (deshalb „Stockmaß“) vom Boden bis zum Widerrist. Die Maßangabe erfolgt in Zentimetern.

1 Als was waren Kaltblüter jahrhundertelang unersetzlich?

2 Wie heißt die wissenschaftliche Lehre vom Pferd – Hippokrates, Hippologie oder Hippopotamus?

3 Was war der Zelter im Mittelalter – ein elegantes, leichtes Reitpferd oder ein schweres Schlachtross der Ritter?

?

1 Als Arbeitspferde. Sie zogen Karren, Kutschen und schwere Brauereiwagen, verrichteten Holzarbeiten im Wald und zogen die Lastkähne auf Flüssen und Kanälen.

2 Hippologie (Hippokrates war ein griechischer Arzt, Hippopotamus ist der wissenschaftliche Name für das Flusspferd).

3 Ein leichtes Reitpferd, das vor allem von Damen und Reisenden geritten wurde.

1 Was musste erst erfunden werden, damit man Pferde als Gespanntiere einsetzen konnte – das Kummet, das Joch oder das Zaumzeug?

2 Wie heißt das geflügelte Ross der griechischen Mythologie, das Sinnbild der Dichter ist – Phönix, Zentaur oder Pegasus?

3 Wie heißt das afrikanische Wildpferd?

1 Das Kummet, ein um den Pferdehals gelegter, gepolsterter Bügel aus Leder oder Stoff, der die Zuglast auf Brust und Schultern verteilt und die Atmung des Pferdes nicht behindert.

2 Pegasus. Der Phönix ist ein mythischer Vogel, der Zentaur ein Wesen mit menschlichem Oberkörper und Pferdeleib.

3 Zebra.

1 Was kennzeichnet einen Falben?

2 Sind Abzeichen weiße Haarstellen im Fell eines Pferdes oder Gewinne bei Turnieren?

3 Warum wälzen sich Pferde im Staub – aus Ausgelassenheit, um ihren Pfleger zu ärgern oder um ihre Haut von Ungeziefer zu befreien?

1 Eine helle Fellfarbe, die von creme- oder sandfarben bis gelblich reicht, sowie eine schwarze Mähne und ein schwarzer Schweif. Oft haben Falben auch einen Aalstrich.

2 Weiße Haarstellen am Kopf, an den Beinen oder manchmal auch am Bauch eines Pferdes.

3 Um ihre Haut von Schmutz, Ungeziefer und losen Haaren zu befreien. Sobald sie wieder aufgestanden sind, schütteln sie den ganzen Staub kräftig ab.

1 Wie lange dauert es, bis ein Schweifhaar nachgewachsen ist – etwa ein, zwei oder vier Jahre?

2 Was ist der Passgang?

3 Wie groß darf ein Pferd höchstens sein, um noch als Pony bezeichnet werden zu können – 130, 147 oder 162 Zentimeter?

1 Etwa zwei Jahre.

2 Eine für den Reiter sehr angenehme Gangart, bei der das Pferd immer das Beinpaar einer Körperseite nach vorn setzt. Geborene Passgänger sind die Islandponys.

3 147 Zentimeter.

1 Was ist ein Falabella – ein Falbe mit weißer Mähne und weißem Schweif oder ein argentinisches Zwergpferd?

2 Verändern sich die Abzeichen im Laufe eines Pferdelebens?

3 Wie heißt das Pferd des von Miguel de Cervantes erfundenen Romanhelden Don Quichotte – Rosamunde, Rosinante oder Rosemarie?

?

1 Ein argentinisches Zwergpferd, das nur 50 bis 70 Zentimeter hoch wird.

2 Die Abzeichen sind angeboren und verändern sich auch im Alter nicht.

3 Rosinante. Es wurde zum Inbegriff eines Kleppers, eines minderwertigen Pferdes.

1 Wie heißt die beliebteste Pferderasse der Cowboys – Palomino, Pinto oder Quarter-Horse?

2 Können Pferde im Stehen schlafen?

3 Warum steigt man von links auf?

?

1 Quarter-Horse.

2 Ja. Vor allem ältere und kranke Pferde ruhen so, weil ihnen das Aufstehen oft Schwierigkeiten bereitet.

3 Früher trugen die meisten Reiter auf der linken Seite ein Schwert, das beim Aufsteigen von rechts gestört hätte. Allmählich wurde die Gewohnheit, von links aufzusteigen, zur Tradition.

1 Was ist ein Maulesel?

2 Was bedeutet es, wenn ein Pferd als „durchgeritten" bezeichnet wird?

3 Warum ist es wichtig, dass ein Fohlen sehr bald nach der Geburt bei der Mutter trinkt – damit sich sein Sauginstinkt entwickeln kann oder weil die Milch Abwehrstoffe gegen Krankheiten enthält?

1 Eine Kreuzung zwischen einem Pferdehengst und einer Eselstute.

2 Das Pferd ist absolut gehorsam und reagiert richtig auf die Hilfen des Reiters.

3 Die Muttermilch enthält wichtige Abwehrstoffe gegen Krankheiten.

1 Wie heißt eine für Wettkämpfe ausgewählte Reitermannschaft – Equipage, Equipe oder Team?

2 Was ist eine Longe?

3 Was sind Isabellen?

?

1 Equipe.

2 Eine lange Laufleine, an der sich das Pferd im Kreis um seinen Ausbilder bewegt.

3 Pferde mit einem cremefarbenen bis gelblichen Fell, weißer Mähne und weißem Schweif.

1 Was versteht man unter Einlauf oder Distanz?

2 Was ist ein Absetzer – jemand, der vom Pferd absitzt, ein Pferd, das gern hinter den anderen zurückbleibt, oder ein Fohlen, das nicht mehr bei der Mutter trinken darf?

3 Ist das Flusspferd mit den Pferden verwandt?

1 Den letzten Teil einer Rennstrecke.

2 Ein Fohlen, das im Alter von etwa einem halben Jahr von der Mutter „abgesetzt“ wird, also nicht mehr bei ihr trinken darf. Bis zu diesem Zeitpunkt ist es ein Saugfohlen.

3 Nein. Es gehört zu den sogenannten Paarhufern, das Pferd zu den Unpaarhufern.

1 Was zeichnet den sogenannten Westernsattel aus?

2 Mit wie viel Jahren sind echte Schimmel komplett weiß – mit etwa zwei, fünf oder zehn Jahren?

3 Was wird Rübe genannt – der Kopf eines Pferdes, der Schweifansatz oder ein lahmes Pferd?

?

1 Er ist besonders bequem, da die Cowboys, die die Rinderherden begleiteten, oft sehr lange im Sattel sitzen mussten.

2 Echte Schimmel werden dunkel geboren und sind schließlich mit etwa zehn Jahren ganz weiß. Die Umfärbung beginnt meist am Kopf.

3 Der Ansatz des Schweifes.

1 Was ist die Hackamore – eine Sumpflandschaft in Schottland, eine gebisslose Zäumung oder eine englische Rennbahn?

2 Wie nennt man die Dressur mit besonders schwierigen Lektionen, den Schulen auf und über der Erde?

3 Was ist ein Fliegenschimmel?

1 Eine gebisslose Zäumung, die über Druck auf das Nasenbein des Pferdes wirkt und in der Westernreiterei sehr verbreitet ist.

2 Hohe Schule.

3 Ein Schimmel, dessen Fell mit kleinen, dunklen Flecken durchsetzt ist.

1 Zu welcher Gruppe der Säugetiere gehört das Pferd?

2 Brauchen alle Pferde Hufeisen?

3 Ist die Piaffe eine berühmte französische Rennbahn oder eine Figur der Hohen Schule?

1 Zu den Huftieren.

2 Nein, nur Pferde, die viel in steinigem Gelände oder auf Straßen bewegt werden, wo sich die Hufe stark abnutzen. Pferde, die vorwiegend auf der Weide leben und in natürlichem Gelände wie Wald und Wiesen geritten werden, brauchen keine Hufeisen.

3 Eine Figur der Hohen Schule, bei der das Pferd auf der Stelle „trabt“, also von einem diagonalen Beinpaar auf das andere tritt.

1 Wie alt wird ein Pferd im Durchschnitt – 10 bis 20, 20 bis 30 oder 30 bis 40 Jahre?

2 Was ist eine Kruppe – gewöhnliches Pferdefutter, der Trog für das Pferdefutter oder der hintere Teil des Pferderückens?

3 Werden in Deutschland noch Reitjagden auf lebende Tiere veranstaltet?

1 20 bis 30 Jahre.

2 Der von kräftigen Muskeln umschlossene Beckengürtel des Pferdes, der das Ende des Rückens bis zum Schweif bildet.

3 Nein. Seit 1935 ist in Deutschland aus Tierschutzgründen die Jagd zu Pferde auf lebendes Wild verboten.

1 Was ist ein Einhorn – ein Sagenpferd mit einem langen Horn oder eine Anspannungsart für Zugpferde?

2 Wie oft sollen Pferde vom Hufschmied beschlagen werden – alle drei, sechs oder zehn Wochen?

3 Was bedeutet „durchparieren" – wenn ein Pferd den Hilfen des Reiters gehorcht oder aus einer Bewegung heraus angehalten wird?

1 Beides. Das Einhorn der Sage ist ein Pferd mit einem gewundenen Horn auf der Stirn. Bei der Einhorn-Anspannung wird je ein Pferd rechts und links der Deichsel und ein drittes in der Mitte davor angespannt.

2 Etwa alle sechs Wochen.

3 „Durchparieren" bedeutet, das Pferd aus einer Bewegung heraus zum Stillstand zu bringen.

1 Von welchen Pferden stammen die Mustangs der nordamerikanischen Indianer ab?

2 Welche westeuropäische Landschaft ist wegen ihrer wild lebenden Pferde berühmt – die Bretagne, die Toskana oder die Camargue?

3 Was bedeuten Rechts- und Linksgalopp?

1 Von den Pferden der spanischen Eroberer, die nach der Entdeckung Amerikas durch Kolumbus (1492) ins Land kamen. Die ursprünglichen Wildpferde waren damals in Amerika längst ausgestorben.

2 Die Camargue in Frankreich.

3 Je nachdem, welches Vorderbein beim Galopp weiter ausgreift, spricht man von Rechts- oder Linksgalopp.

1 Wie heißt der zweirädrige Wagen für Trabrennen?

2 Was sind Hilfen?

3 Was ist eine Rosskur – eine drastische Heilmethode beim Menschen oder eine speziell auf Pferde abgestimmte Therapie?

1 Sulky.

2 Signale, mit denen der Reiter seinem Pferd verständlich macht, was es ausführen soll. Beispiele sind Zügel- oder Schenkelhilfen, Lob oder Ermahnung sowie der Gebrauch von Gerte oder Sporen.

3 Eine mit sehr drastischen Mitteln durchgeführte Heilmethode beim Menschen.

1 Was ist der Tölt – ein zweirädriger Kutschwagen, eine bestimmte Gangart oder eine lederne Pferdedecke?

2 Was bedeutet es, wenn ein Pferd heftig mit dem Schweif schlägt – Freude und Ausgelassenheit, Ängstlichkeit und Unwohlsein oder Imponiergehabe?

3 Woher haben die Lipizzaner ihren Namen?

1 Eine besondere Gangart der Islandponys mit der Fußfolge des Schrittes in schnellerem Tempo, für den Reiter angenehm erschütterungsfrei.

2 Ängstlichkeit und Unwohlsein.

3 Von dem 1580 gegründeten österreichisch-ungarischen Gestüt Lipizza bei Triest.

1 Warum ist das Distanzreiten eine sehr tierfreundliche Reitsportdisziplin?

2 Welches kriegerische asiatische Reitervolk fiel im vierten Jahrhundert nach Christus in Europa ein – die Skythen, die Hunnen oder die Mongolen?

3 Wie heißen die Reiter der Pferde bei Pferderennen?

1 Auf der manchmal über 100 Kilometer langen Reitstrecke werden an Kontrollpunkten immer wieder Puls und Atemfrequenz der Tiere überprüft und Ruhepausen verordnet.

2 Die Hunnen. Ihre Begegnung mit den Germanen gilt als Beginn der Völkerwanderung.

3 Jockeys.

1 Was ist das Przewalski-Pferd – das Pferd der früheren polnischen Husaren oder der direkte Stammvater unserer Hauspferde?

2 Was dürfen Pferde bei Trabrennen auf keinen Fall tun?

3 Was sind die beiden wichtigsten Futtermittel für Pferde?

1 Der direkte Stammvater unserer Hauspferde. Die Tiere wurden 1878 von dem russischen Forscher Nikolai Przewalski in der mongolischen Steppe entdeckt. Ihre Nachkommen leben heute in Zoos.

2 Galoppieren. Sobald ein Pferd in Galopp verfällt, scheidet es aus dem Rennen aus.

3 Hafer und Heu.

1 Welcher christliche Heilige wird als Ritter auf einem Pferd im Kampf mit einem Drachen dargestellt?

2 Was ist ein Fuchs?

3 Wie reitet man im Damensitz?

1 Der heilige Georg.

2 Ein Pferd mit rotbraunem Fell, rotbrauner Mähne und ebensolchem Schweif.

3 Beide Reiterbeine befinden sich auf einer Seite des Pferdes, wobei ein Bein über den Sattelknauf gelegt wird. Diese Haltung gibt wenig Halt, war aber im 18. und 19. Jahrhundert bei vornehmen Damen wegen der langen Reitkleider sehr verbreitet.

1 Woher hat das amerikanische Quarter-Horse seinen Namen?

2 Wo werden Kaltblüter heute wieder eingesetzt?

3 Was ist Military?

?

1 Von den Pferderennen, die bei den ersten amerikanischen Einwanderern sehr beliebt waren. Meist betrug die Rennstrecke eine Quarter Mile, also etwa 400 Meter.

2 In der Forstwirtschaft.

3 Eine Vielseitigkeitsprüfung, bei der an drei aufeinanderfolgenden Tagen ein Geländeritt, ein Springparcours und eine Dressurprüfung zu bewältigen sind.

1 Ist der Hannoveraner ein Warm- oder ein Kaltblut?

2 Was ist ein Parcours?

3 Was bezeichnete man als Pferdebahn?

1 Ein Warmblut.

2 Die Hindernisbahn bei Turnieren und Wettkämpfen.

3 Eine Straßenbahn, die von Pferden gezogen wurde. Die erste Pferdebahn gab es 1832 in New York, dann folgte 1854 Paris und 1865 Berlin. Ende des 19. Jahrhunderts wurden die Pferdebahnen durch elektrische Straßenbahnen ersetzt.

1 Welche Geschwindigkeit können Traber erreichen – 30, 40 oder 50 Kilometer pro Stunde?

2 Was ist das Appaloosa – ein nordamerikanisches Rodeo, ein Stierkampf zu Pferde oder eine Pferderasse mit getüpfeltem Fell?

3 Was ist eine Schnippe?

1 50 Kilometer pro Stunde.

2 Eine nordamerikanische Pferderasse mit getüpfeltem Fell; ursprünglich eine Züchtung der Nez-Percé-Indianer, heute eine der zahlenmäßig größten Pferderassen der Welt.

3 Ein weißes Abzeichen zwischen den Nüstern des Pferdes.

Burgschmietstraße 2–4
90419 Nürnberg
Redaktion: Lisa Maurer
Fachberatung: Dr. Kerstin Neumann, Tierzuchtwissenschaftlerin

www.tessloff.com

WAS IST WAS

Pferde Quiz

Die WAS IST WAS-Quizblöcke gibt es auch zu folgenden Wissensgebieten:

Online-Quiz auf www.wasistwas.de/quiz

- ☐ Das alte Rom
- ☐ Das Meer
- ☐ Der Mensch
- ☐ Dinosaurier
- ☐ Feuerwehr
- ☐ Fußball
- ☐ Geschichte der Fußball-WM
- ☐ Heimtiere
- ☐ Musik
- ☐ Natur & Tiere
- ☐ Rekorde der Tierwelt
- ☐ Ritter & Burgen
- ☐ Stadt Land Fluss Deutschland
- ☐ Stadt Land Fluss Europa
- ☐ Unsere Erde
- ☐ Unser Körper
- ☐ Wilde Tiere

Rund 120 Fragen & Antworten!

www.wasistwas.de
www.tessloff.com

ISBN 978-3-7886-1797-4

9 783788 617974

Wissen
Tessloff